Einleitung

Wo Räume sich berühren und Menschen einander begegnen

> Lachen und Lächeln sind Tor und Pforte, durch die viel Gutes in den Menschen hineinhuschen kann.
>
> (Christian Morgenstern)

Jeden Tag kommen wir an Türen vorbei. Sie gewähren uns Zugang oder sie verwehren ihn uns. Sie lassen uns spüren, wo wir dazugehören und wo nicht. Türen können Räume und Menschen miteinander verbinden oder voneinander trennen. Deshalb sind Türen auch Brennpunkte der Gefühle. In der Tür freuen sich Menschen über ein Wiedersehen oder empfinden den Schmerz des Abschieds.

Türen sind die Visitenkarte eines Hauses. Sie erzählen manches über die, die darin wohnen.

In der Sprache helfen Türen dabei, sich und einander besser zu verstehen. Unzählige Redewendungen nutzen das Bild der Tür, um elementare Lebenserfahrungen auszudrücken. Sie handeln von Beziehungen, Hoffnungen, Ängsten und auch vom Glauben.

Türen laden also nicht nur dazu ein, durch sie hindurchzugehen und neue Räume zu betreten, sondern auch über das eigene Leben nachzudenken.

Nach Hause kommen

Das Tagwerk ist getan. Ich gehe nach Hause. Gleich werde ich vor meiner Haustür stehen, dahinter ist es warm. Ich öffne die Tür. Der Schlüssel klappert dabei vertraut. Auch die Türklinke liegt vertraut in meiner Hand. Durch den Türspalt strömt mir wohlige Wärme entgegen. Ich trete ein. Hinter mit fällt die Tür wieder ins Schloss. Die Welt bleibt draußen. Ich bin drin, zu Hause, wo ich hingehöre, mit allem, was dazu gehört.

Tür zu!

Türen grenzen Räume voneinander ab. Doch genau genommen stimmt das nicht. Eigentlich sind es die Mauern, die die Räume trennen. Die Türen können die Räume zueinander öffnen – oder eben voneinander abschließen. Türen trennen die laute Straße von der ruhigen Wohnung, das eigene Schlafzimmer vom gemeinsamen Flur, das geheizte Haus vom kühlen Garten. In den Türen berühren sich Drinnen und Draußen, Warm und Kalt, Privatsphäre und Öffentlichkeit, Mensch und Mensch. Türen sind auch der Schwachpunkt eines Hauses. Oft setzen Einbrecher dort an. In den alten Burgen und Festungen waren die Türen und Tore besonders heiß umkämpft.

Tür und Tor

> Die sicherste Tür ist die, die man offen lassen kann.
>
> (Chinesisches Sprichwort)

Jede Tür hat ihre eigene Ausstrahlung. Ich stehe vor dem Eingang zu einem Schloss, das Tor überragt mich mehrfach. Ich schaue nach oben und fühle mich klein. Bei den Türen alter Arme-Leute-Häuser muss ich dagegen meinen Kopf einziehen, so niedrig sind sie.

Die breite Glastür eines Geschäftes ringt um meine Aufmerksamkeit. Bereitwillig lässt sie erkennen, was ich dahinter erwarten darf. Sie flüstert: „Tritt doch ein!" Ganz anders die Tür einer Villa in edler Wohnlage: Massiv und gut gesichert, wie sie ist, sagt sie mir: „Du kommst hier nicht rein." Andere Türen stehen dagegen sperrangelweit offen.

28

20

יהוה
Hie ist nichts anders deñ
Gottes Haus
und hie ist die
Pforte des Himmels
GEN: XXVIII V: 17.

Willkommen im Hause Gottes

> Tut mir auf die schöne Pforte,
> Führt in Gottes Haus mich ein!
> Ach, wie wird an diesem Orte
> Meine Seele fröhlich sein!
> Hier ist Gottes Angesicht,
> Hier ist lauter Trost und Licht.
>
> Herr, ich bin zu dir gekommen;
> Komme du nun auch zu mir!
> Wo du Wohnung hast genommen,
> Ist der Himmel hell vor mir.
> Zeuch in meinem Herzen ein,
> Lass es deinen Himmel sein!
>
> (Gesangbuch)

Zu Recht erwartet man hinter Kirchentüren Besonderes. Sie eröffnen schließlich einen Raum, der das Leben in einen weiteren Horizont stellt. Ich gehe in Gottes Haus. Und Gott kommt mir entgegen. Dieses Entgegenkommen Gottes wird am Westportal der St.-Nikolai-Kirche in Strahlsund sogar sichtbar gemacht. Das Tor lenkt meine Blicke und Gedanken in die Höhe, wo in üppigem Grün ein Paradies-Gärtlein angedeutet wird. Aus ihm heraus schweben Engel herab – mir entgegen. Seit über 700 Jahren tragen Menschen nun schon ihre Hoffnungen, Sorgen und Fragen durch diese Kirchentür hindurch zu Gott. Viele von ihnen konnten danach erleichtert, getröstet und ermutigt wieder ins Freie treten, so hoffe ich. Man sieht es dem Portal an, dass es hier um Bedeutendes geht: die Größe und Freundlichkeit Gottes, den Ernst des Lebens und die bunte Freude daran.

Zwischen Tür und Angel geschieht oft das Wichtigste

> Wenn sich eine Tür schließt, öffnet sich eine andere; aber oft schauen wir so lange und so nachtrauernd auf die geschlossene Tür, dass wir die jetzt neue, uns offen stehende Tür gar nicht mehr bemerken.
>
> (Alexander Graham Bell)

Die Tür ist nicht nur der Eingang, sie ist auch der Ausgang. Wenn ich irgendwo gehe, dann entsteht dort der letzte Eindruck, den ich am Ende mitnehme. Oft geschieht zwischen Tür und Angel noch einmal Wesentliches: Ein Händedruck, eine Umarmung, ein intensiver Blick oder ein letzter Satz fassen zusammen, was zuvor geschehen ist. Nicht selten kommt dann, im letzten Moment, sogar noch das Wichtigste zur Sprache. Denn mancher schafft es erst jetzt, mit der Türklinke in der Hand, darüber zu sprechen. Man tut gut daran, sich dafür noch etwas Zeit aufzuheben.

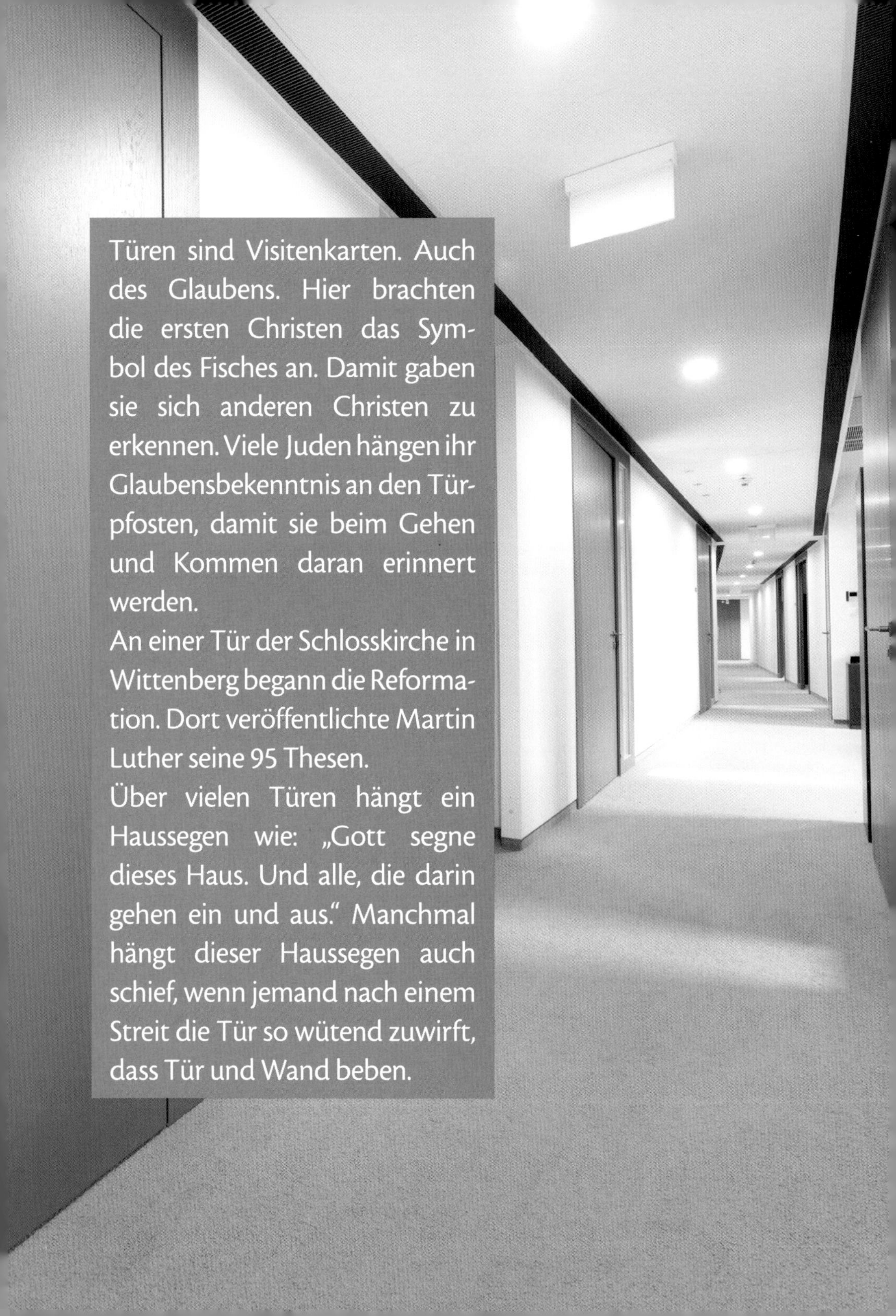

Türen sind Visitenkarten. Auch des Glaubens. Hier brachten die ersten Christen das Symbol des Fisches an. Damit gaben sie sich anderen Christen zu erkennen. Viele Juden hängen ihr Glaubensbekenntnis an den Türpfosten, damit sie beim Gehen und Kommen daran erinnert werden.

An einer Tür der Schlosskirche in Wittenberg begann die Reformation. Dort veröffentlichte Martin Luther seine 95 Thesen.

Über vielen Türen hängt ein Haussegen wie: „Gott segne dieses Haus. Und alle, die darin gehen ein und aus.“ Manchmal hängt dieser Haussegen auch schief, wenn jemand nach einem Streit die Tür so wütend zuwirft, dass Tür und Wand beben.

Tür an Tür

Die Flure eines bestimmten Hochhauses habe ich heute noch vor Augen. Hier wohnte meine Großmutter. In dem Gebäude sind auf zwölf Stockwerken jeweils zwölf Wohnungstüren zu finden. Insgesamt 144. Alle sehen gleich aus. Viele Menschen leben hier auf engem Raum. Tür an Tür, wie man so schön sagt. Das klingt vertraut, fast schon kuschelig. Doch die Flure sind öde, kein Tageslicht dringt hinein. Wohnungstüren, die sich öffnen, gehen schnell wieder zu. Viele Bewohner wollen anonym bleiben. Ihr Namensschild auf der Tür bleibt leer oder lässt nur anhand von Initialen erahnen, wer dahinter lebt. Andere stemmen sich gegen die anonyme Menschenhaltung. Sie schmücken ihre Türen mit freundlichen Schildern: „Hier wohnt Familie XY". Andere stellen mit Fotos klar, wer sie sind, oder mit klugen Sprüchen, wes Geistes Kind sie sind. Wieder andere setzen ihre Duftmarke, indem sie ihre Schuhe oder anderes vor der Tür stehen lassen.

Hinter einer dieser Einheitstüren lebte meine Großmutter. In meiner Kindheit erschien mir das selbstverständlich. Heute staune ich über ihre innere Größe, hatte sie in früheren Jahren doch als Fabrikantentochter hinter einem großen Tor gelebt. Fabrik und Ehemann gingen allerdings dahin. Im Alter zog sie in die Nähe ihrer Tochter und ihrer Enkel. Die Liebe zu ihnen ließ sie glücklich sein hinter Tür-Nummer 1108.

Der Reiz des Verborgenen

Nicht alles gehört in die Öffentlichkeit. Doch wenn über etwas gesagt wird, es finde hinter verschlossenen Türen statt, dann ist das anrüchig. Dann sollte es öffentlich stattfinden. Geschlossene Türen machen neugierig. Man möchte gerne einen Blick hineinwerfen – und sei es nur durch das Schlüsselloch – und wissen, ob sich etwas Interessantes dahinter verbirgt: vielleicht altes Gerümpel, Schätze, womöglich sogar Verbotenes oder gar Intimes? Doch zugleich weiß man genau: „Das darf ich nicht tun." Die Tür markiert die Grenze zur Persönlichkeit anderer Leute. Die muss ich achten. Adventskalender erlauben dagegen die Neugier. An jedem Tag im Advent darf man ein zuvor geschlossenes Türchen öffnen und schauen, was sich dahinter verbirgt.

Nutzlos geworden

In manchen Ländern stehen viele Häuser jahrzehntelang leer – verlassen und aufgegeben. Mich ziehen solche Häuser magisch an. Schon die Türen atmen Geschichte. Meist stehen sie offen oder hängen sogar halb aus den Angeln. Jedenfalls sind sie gezeichnet von den Spuren vieler Sommer und Winter. Sie wirken traurig, denn sie werden nicht mehr gebraucht. Die Räume, die sie einst schützten, bieten heute nur noch Sträuchern eine Heimat. Manchmal sieht man irgendwo einen verbeulten Kochtopf liegen oder ein Regalbrett an der Wand hängen: Hier wurde wirklich gelebt. Und ich fantasiere: Wie? Und wo sind die Menschen hin? Werden sie jemals wieder zurückkehren?

Wem stehen alle Türen offen?

Es gibt Menschen, denen scheinbar alle Türen offenstehen. Man könnte neidisch werden. Gewiss, Geld zu haben hilft dabei. Aber meist tun diese Menschen etwas dafür. Sie gehen besonders offen und interessiert auf andere zu. Sie kümmern sich und schaffen Vertrauen.
Andere stehen oft vor verschlossenen Türen. Wenn einem niemand öffnet, fühlt man sich ohnmächtig und hilflos. Umgekehrt: Eine Tür, die ich öffnen kann, zeugt von meinem Einfluss. Der Schlüssel in der Tasche oder die Chipkarte an der Uniform öffnen mir die Tür. Ich darf hinein. Ich gehöre dazu. Ich genieße das Vertrauen der Firma oder des Besitzers. Je mehr Türen mir offenstehen, desto erfolgreicher bin ich. An den Türen erlebt man ganz konkret, wie ungleich und ungerecht vieles auf der Welt verteilt ist.

Draußen vor der Tür

> Tu der Völker Türen auf,
> deines Himmelsreiches Lauf
> hemme keine List noch Macht.
> Schaffe Licht in dunkler Nacht.
> Erbarm dich Herr.
>
> (Christian Gottlob Barth)

Das Drama „Draußen vor der Tür" rüttelte viele Menschen auf, als es im Februar 1946 zuerst als Hörspiel und eineinhalb Jahre später auch als Bühnenstück öffentlich wurde. Der Autor Wolfgang Borchert beschreibt darin die seelische Ruinenlandschaft des Soldaten Beckmann, der aus der Kriegsgefangenschaft heimkehrt. Beladen mit schrecklichen Erlebnissen und moralischen Fragen sehnt er sich nach Wärme und Geborgenheit. Doch die Menschen seiner Heimatstadt wollen von seinen inneren Nöten nichts mehr wissen. Selbst Gott und der Tod zeigen ihm die kalte Schulter. Niemand antwortet auf seine Schreie nach Liebe, nach Gott und der Mitmenschlichkeit. So irrt der Soldat Beckmann allein durch die Stadt. Er sieht die wohlig erleuchteten Fenster, doch er gehört nirgendwo mehr hin. Er bleibt „draußen vor der Tür". Dieser Titel beschreibt nicht nur, was viele in der Nachkriegs-Zeit erlebten, sondern eine Ur-Angst des Menschen. Der Titel ist deshalb zu einem geflügelten Wort geworden, das knapp und präzise die Not jener ausdrückt, die scheinbar nirgendwo mehr dazugehören. Zu ihnen zählen heute obdachlose, geflüchtete, vereinsamte und traumatisierte

Menschen. Die Uraufführung seines autobiografischen Stückes „Draußen vor der Tür" am 21. November 1947 erlebte Wolfgang Borchert nicht mehr. Er starb am Tag zuvor im Alter von 26 Jahren an den Verletzungen und Infektionen des Krieges, die seinen Körper ruiniert hatten.

Hinter Schloss und Riegel

Nicht nur draußen vor der Tür bleiben zu müssen ist schlimm, sondern auch innen eingesperrt zu sein. Die meisten Menschen sitzen nicht im Gefängnis hinter Schloss und Riegel. Doch viele verbringen ihre Tage in Gefängnissen anderer Art. Deren Gitterstäbe bestehen aus Angst und Abhängigkeit. Manche wähnen sich eingesperrt – etwa in einer Ehe, im Beamtenstand oder in ihren Pflichten. Dabei merken sie gar nicht, dass die Tür ihrer Zelle eigentlich offen ist. Sie haben nur nie versucht zu gehen.

„Wenn du dich auf deinen Weg machst, wirst du an eine Tür kommen, an der ein Satz geschrieben steht", sagte der Meister. „Komm zu mir zurück und sage mir, wie dieser Satz lautet." Eifrig machte sich der Schüler auf die Suche. Eines Tages sieht er die Tür und kehrt zum Meister zurück. „Am Anfang des Weges stand geschrieben: Es ist unmöglich!", berichtet er. „Wo stand das?", fragt der Meister. „An einer Wand oder an einer Tür?" „An einer Tür!", antwortet der Schüler. „Nun, dann packe die Türklinke und öffne die Tür!" Der Schüler gehorcht. Da der Satz an der Tür steht, bewegt er sich mit ihr. Als die Tür ganz offen ist, kann er den Satz nicht mehr sehen und setzt seinen Weg fort.

Das Hintertürchen

Die meisten Häuser haben mindestens zwei Türen: eine große Eingangstür zur Straße hin. Und eine kleinere Hintertür, die in den Garten oder auf den Hof führt. Durch diese hintere pulsiert in der Regel das Alltagsleben. Deshalb steht sie häufig einfach offen. Im Krimi versuchen die Ganoven durch die Hintertür zu entkommen, während die Polizei an der Vordertür Einlass begehrt.
Diese Tür hat ihre eigene Redewendung, die etwas Heikles zum Ausdruck bringt: Wer „sich ein Hintertürchen offen hält", steht zwar offiziell zu etwas, doch insgeheim ist er bereit, sich bei Bedarf heimlich zu entziehen. Egal ob es um eine Liebesbeziehung oder eine berufliche Aufgabe handelt: Man spürt, ob sich ein Partner wirklich einlässt oder sich eben jenes Hintertürchen offenhält. Dann stimmt etwas nicht: Wer sich eines Versprechens nicht sicher ist, sollte es nicht geben.

30

Schifferwiege
2

28

Mit der Tür ins Haus fallen

Wenn Menschen zueinander in Beziehung treten wollen, müssen sie Herzenstüren öffnen. Jeder Mensch verfügt über unzählig viele Herzenstüren, für jeden Mitmenschen eine. Sie sind ganz verschieden: von klein bis groß, von einladend offen bis fest verschlossen, von gut sichtbar bis gut verborgen.
Den Herzenstüren anderer nähert sich jeder Mensch auf eigene Weise. Manche sind schnell und direkt, sie fallen also eher mit der Tür ins Haus. Andere gehen lieber behutsam vor, und klopfen erst einmal zaghaft an. Manche brauchen sogar den Kick des drohenden Endes – Torschlusspanik –, um die nötigen Schritte zu tun. Wo das Leben in Bewegung ist, braucht es Türen. Und umgekehrt: Wo Türen sind, kann sich das Leben bewegen.

Komm, o mein Heiland Jesu Christ,
meins Herzens Tür dir offen ist.
Ach zieh mit deiner Gnade ein;
dein Freundlichkeit auch uns erschein.
Dein Heiliger Geist uns führ und leit den Weg zur ew´gen Seligkeit: Dem Namen dein, o Herr, sei ewig Preis und Ehr.

(Georg Weissel)

Für immer zu

Manchmal schließt sich eine Tür für immer. Eigentlich ist sie dann keine Tür mehr. Nur die Erinnerung an eine Tür bleibt, eine Narbe in der Wand. Es ist wie eine Beziehung, die endet. Die Trennung tut weh und sie scheint für ewig zu gelten. Vielleicht nistet sich irgendwo im Verborgenen noch die Hoffnung auf ein Wunder ein, dass die Mauer doch noch einmal schmelzen möge und die Tür wieder freigibt.

Verschlossene Türen

Wir wissen ja,
wenn sich eine Tür schließt,
dann sollten wir nicht davor stehen bleiben
sondern uns umsehen,
welche Tür sich, dafür, wieder geöffnet hat.

Aber es gibt auch Türen,
die wir nicht loslassen wollen,
obwohl sie fest geschlossen sind
und der Raum dahinter
schon vor langer Zeit aufgelöst wurde.

Dennoch bleiben wir davor stehen,
immer noch hoffend,
wünschend,
dass die Erinnerungen,
die wir in uns aufbewahren,
wieder wahr werden könnten,
um sie festzuhalten,
sie im Nachhinein
rückgängig zu machen,
zu beeinflussen.

(Michael Jörchel)

Immer offen

Meinen besten Freunden habe ich gesagt: „Meine Tür steht dir immer offen." Ein schöner Satz. Natürlich stimmt er nicht so ganz. Aber gute Freunde wissen das. Sie spüren, wann es passt und wann nicht. Und ich spüre, wie wichtig es ist, wenn sie gerade durch meine Tür spazieren. Sie sind die Menschen, die mir unangenehme Einsichten an den Kopf werfen können. Und wenn sie es tun, bin ich ihnen dafür sogar dankbar.

Der Begriff „Politik der offenen Tür" wurde 1901 geprägt. Er beschreibt das damalige Bestreben der USA und der europäischen Mächte, die Märkte für den Handel mit China zu öffnen.

„Open Doors" – zu Deutsch:
Offene Türen – nennt sich eine christliche Hilfsorganisation, die sich zum Ziel gesetzt hat, Menschen zu helfen, die aufgrund ihres christlichen Glaubens drangsaliert werden.

Aufdringlich

Eher unangenehm sind Leute, die danach streben, einen Fuß in die Tür zu bekommen. Denn dann kann man die Tür nicht mehr schließen. Die Redewendung „Einen Fuß in die Tür bekommen" beschreibt den Versuch, sich bei Menschen zunächst einen kleinen Zugang zu verschaffen. Dann will man die Tür weiter öffnen, bis man es schließlich geschafft hat, ganz hineinzukommen. Dann kann man den Menschen hinter dieser Tür etwas aufdrängen, was diese ursprünglich gar nicht gewollt hatten. Wer mit Achtung vor die Tür anderer tritt, hofft, freiwillig eingelassen zu werden.

Einfache Sache
Ein Mensch drückt gegen eine Türe, Wild stemmt er sich,
dass sie sich rühre! Die schwere Türe, erzgegossen,
Bleibt ungerührt und fest verschlossen.
Ein Unmensch, sonst gewiss nicht klug,
Versuchts ganz einfach jetzt mit Zug. Und schau!
(Der Mensch steht ganz betroffen)
Schon ist die schwere Türe offen!
So gehts auch sonst in vielen Stücken:
Dort, wo's zu ziehn gilt, hilft kein Drücken! (Eugen Roth)

Zu weit gegangen

porta partit – cor magis.
Die Tür ist offen –
das Herz noch mehr.

(Wahlspruch der Zisterzienser)

„Wer nach allen Seiten hin offen ist,
kann nicht ganz dicht sein."

(Toilettenweisheit)

Rumps! Lautstark fällt die Tür ins Schloss. Ich habe sie zugeschlagen. Damit bleibt etwas Unangenehmes außen vor. Ich habe mich davon distanziert und atme erleichtert auf. Es ist wichtig, dass ich die Tür schließen kann. Ich kann entscheiden, wann es genug ist, wie viel ich von mir einbringe und wie weit andere bei mir gehen dürfen. Wer immer offen ist, wird überrannt, besetzt, vereinnahmt und ausgenommen. Zum Leben gehört die Fähigkeit, sich dosieren zu können. Nicht jeder versteht das. Deshalb muss man jemandem auch mal die Tür vor der Nase zuschlagen. Dann merkt er: „Ich bin zu weit gegangen." Die deutsche Sprache hat für das Rauswerfen drastische Ausdrücke: „Mach die Tür von außen zu!" oder „Jemanden vor die Tür setzen."

Unentschlossen

Eigentlich sind Türen Durchgangsstationen, kein Ort zum Bleiben. Auf der Türschwelle ist man weder hier noch dort und zugleich ist man sowohl hier als auch dort. Beide Richtungen stehen einem offen. Nichts ist entschieden. Man macht nichts falsch und schlägt sich keine Tür zu. Das kann sehr attraktiv sein. Manche verbringen lange Jahre ihres Lebens dort. Wie auf der Türschwelle leben sie ihre Partnerschaften, verdienen ihr Geld und sind immer bereit zu wechseln. Doch wer immer auf der Türschwelle bleibt, verpasst vieles, zum Beispiel wie schön es ist, nachhaltig Verantwortung zu übernehmen oder eine tief verwurzelte Liebe zu empfinden. Das erfordert Mut und entscheidende Schritte in eine Richtung.

Sobald ihr handeln wollt,
müsst ihr die Tür zum Zweifel verschließen.
(Friedrich Nietzsche)

Weggesperrter Schmerz

Niemand kommt durch das Leben, ohne schlechte Erfahrungen zu machen. Viele erleben Fehler, Niederlagen, Peinlichkeiten und Erniedrigungen. Gerne möchte man sie vergessen, zumindest irgendwo verbergen. Tür zu und Schlüssel wegwerfen? Zumindest ist das Gerümpel dann nicht mehr zu sehen. Doch es ist immer noch da und wird zum lebenslänglichen Ballast für die Seele. Manchmal ist es gut, sich davon zu befreien. Wenn es gelingt, gewinnt man dabei ein Stück Freiheit zurück.

Manches Leid ist allerdings so schlimm, dass die Betroffenen es sorgsam wegschließen müssen, weil sie sonst gar nicht weiterleben könnten, zum Beispiel sexuelle Gewalt in der Kindheit. Doch manchmal macht sich das Verborgene nach langen Jahren wieder bemerkbar. Dann brauchen viele der Betroffenen Hilfe von außen, um die Türen öffnen und mit den Erlebnissen dahinter fertigwerden zu können.

Himmelspforte

Am Anfang der Bibel steht das Paradies, ein üppiger und immerwährender Garten. Darin leben die Menschen zusammen mit Gott sorgenfrei dahin. Doch Adam und Eva, die biblischen Urahnen der Menschheit, sind damit nicht zufrieden. Sie wollen mehr. Deshalb essen sie vom verbotenen Baum der Erkenntnis. Dafür straft sie Gott, indem er ihnen die Tür weist. Adam und Eva müssen den Garten verlassen. Gott verbannt sie aus seiner Nähe. Die Menschen wiederum ziehen sich von Gott zurück. Eine Tür trennt sie nun. Die Bibel beschreibt viele Anläufe Gottes, sie wieder zu öffnen und sich mit den Menschen wieder zu versöhnen. Vergeblich. Immer wieder fällt die Tür zu.

Auch den Menschen steckt das Zerwürfnis mit Gott in den Knochen: Sie sind getrennt von Gott und haben das glückselige Leben jenseits von Raum und Zeit verloren. Stattdessen sind sie hineingeworfen in ein anstrengendes Leben, das auf den Tod zugeht. Und irgendwo in der Seele steckt eingebrannt noch das Wissen: Es war einmal anders! Zurückzukehren in die glückselige Gegenwart Gottes, zurück zu einem Ursprung, den die Seele bis heute erahnen kann – das ist der Ursprung aller religiösen Sehnsucht. Doch die Menschen finden die Tür zu Gott verschlossen vor. Wie lässt sie sich öffnen? Eine Antwort gibt der Evangelist Lukas. Er überliefert ein Gespräch. Darin wird Jesus gefragt: Wer kann selig werden?

Jesus antwortet: „Ringt darum, dass ihr durch die enge Pforte eingeht, denn viele werden danach trachten, dass sie hineinkommen und werden's nicht können" (Lukas 13,22ff). Was man dafür tun muss, ist auch im Johannes-Evangelium zu finden. Dort wird Jesus zitiert: „Ich bin die Tür, wenn jemand durch mich hineingeht, wird er selig werden." (Johannes 10,9ff). Wer sich auf Jesus einlässt, findet die Tür zu Gott also offen.